This Book
Belongs to:

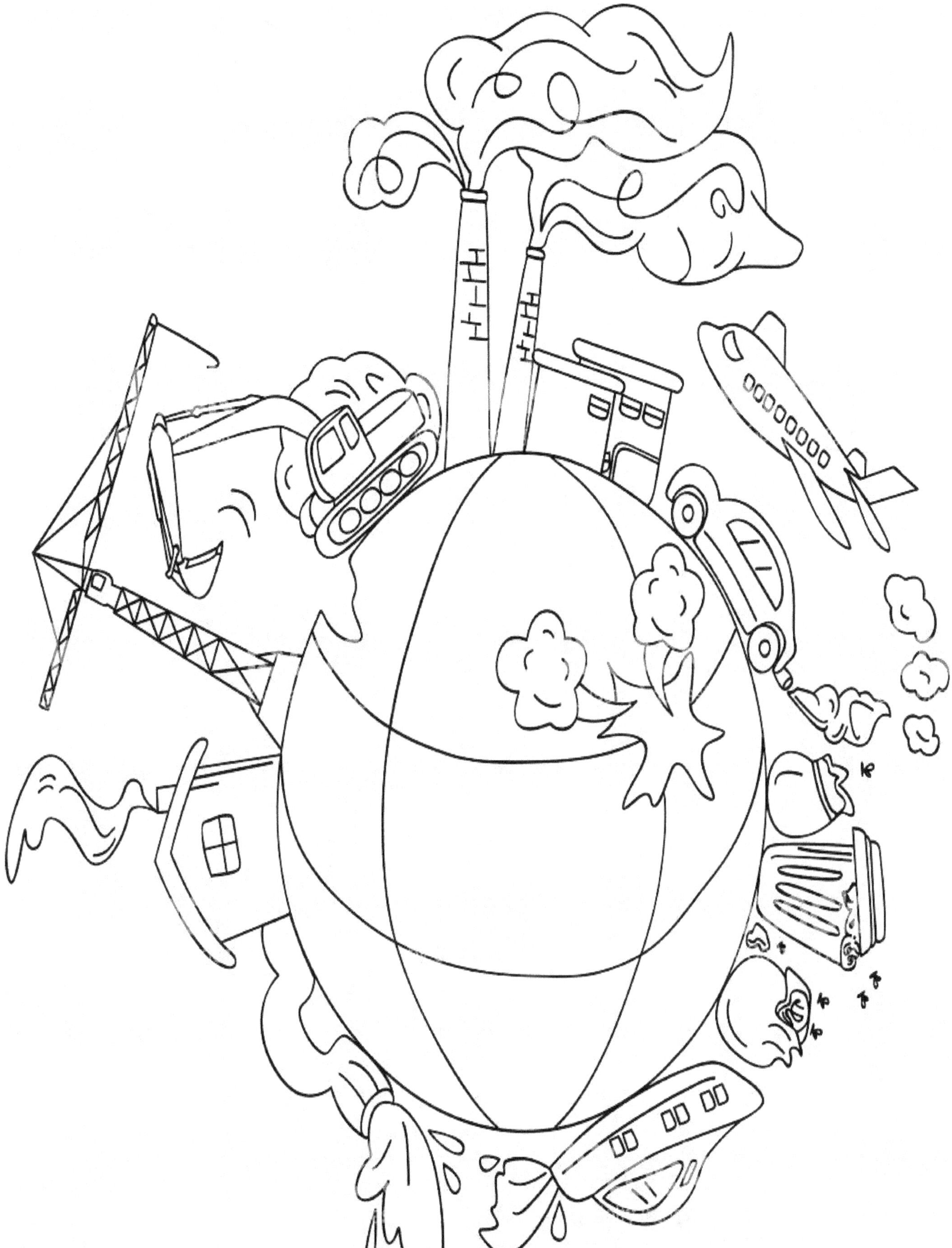

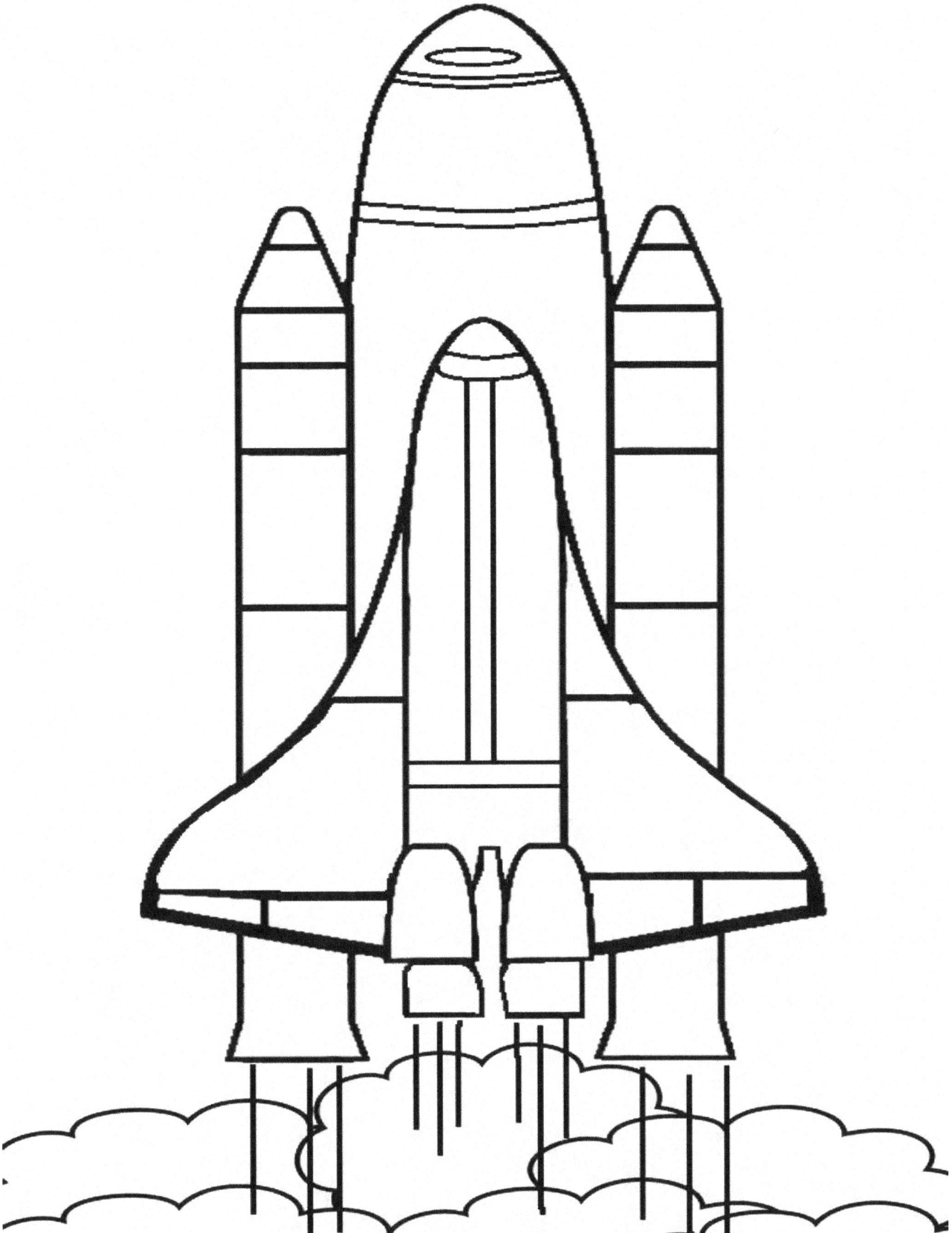

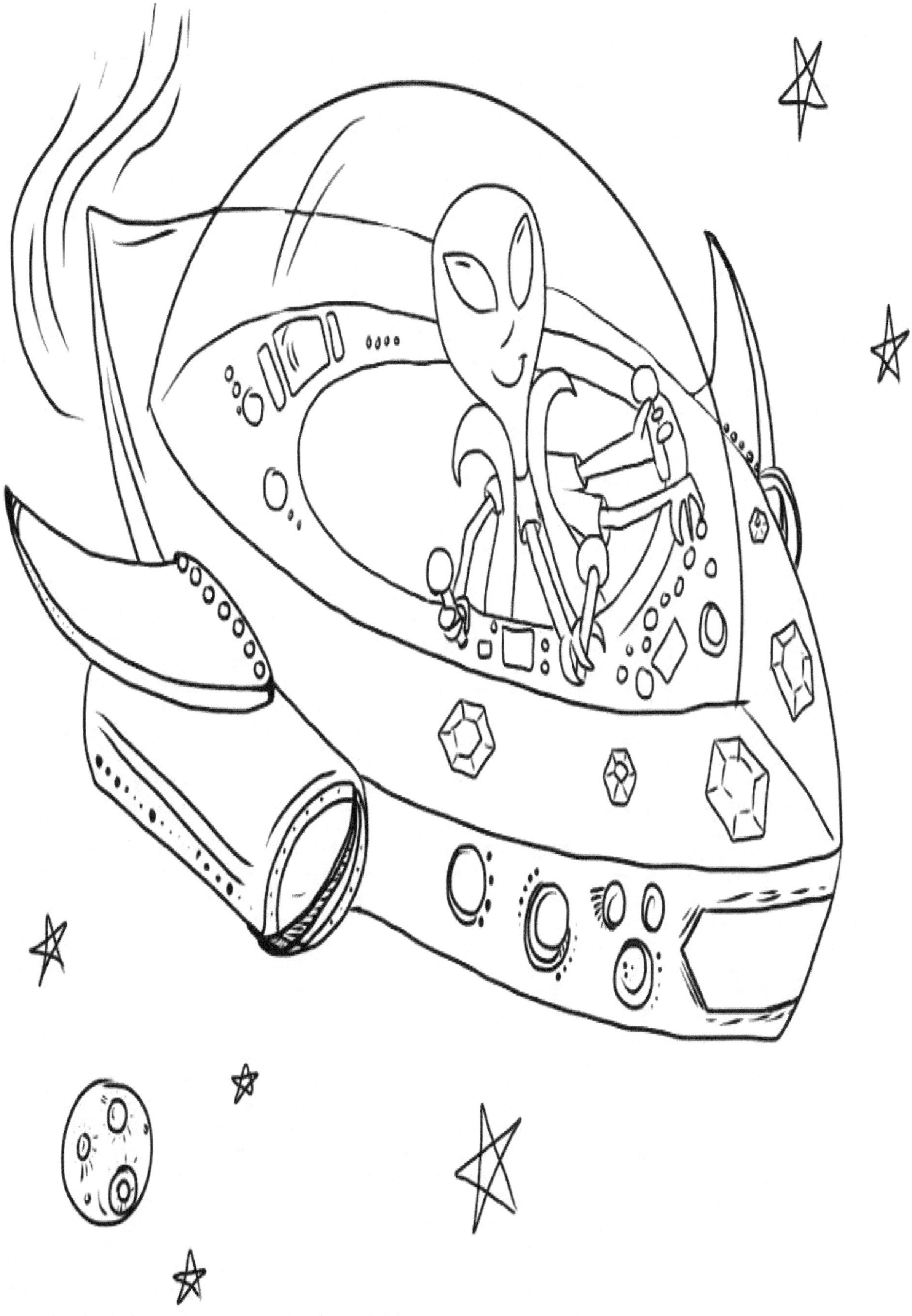

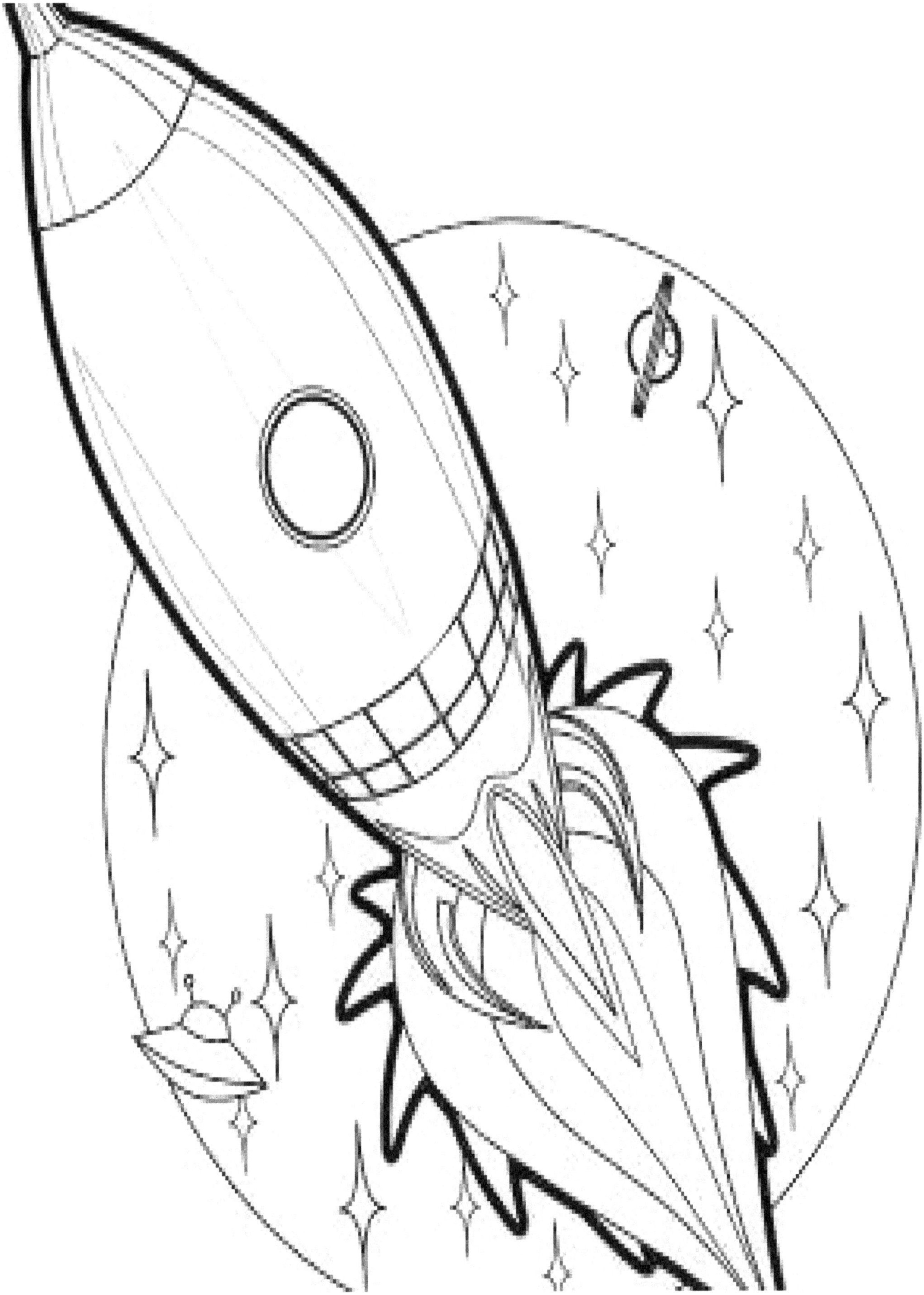

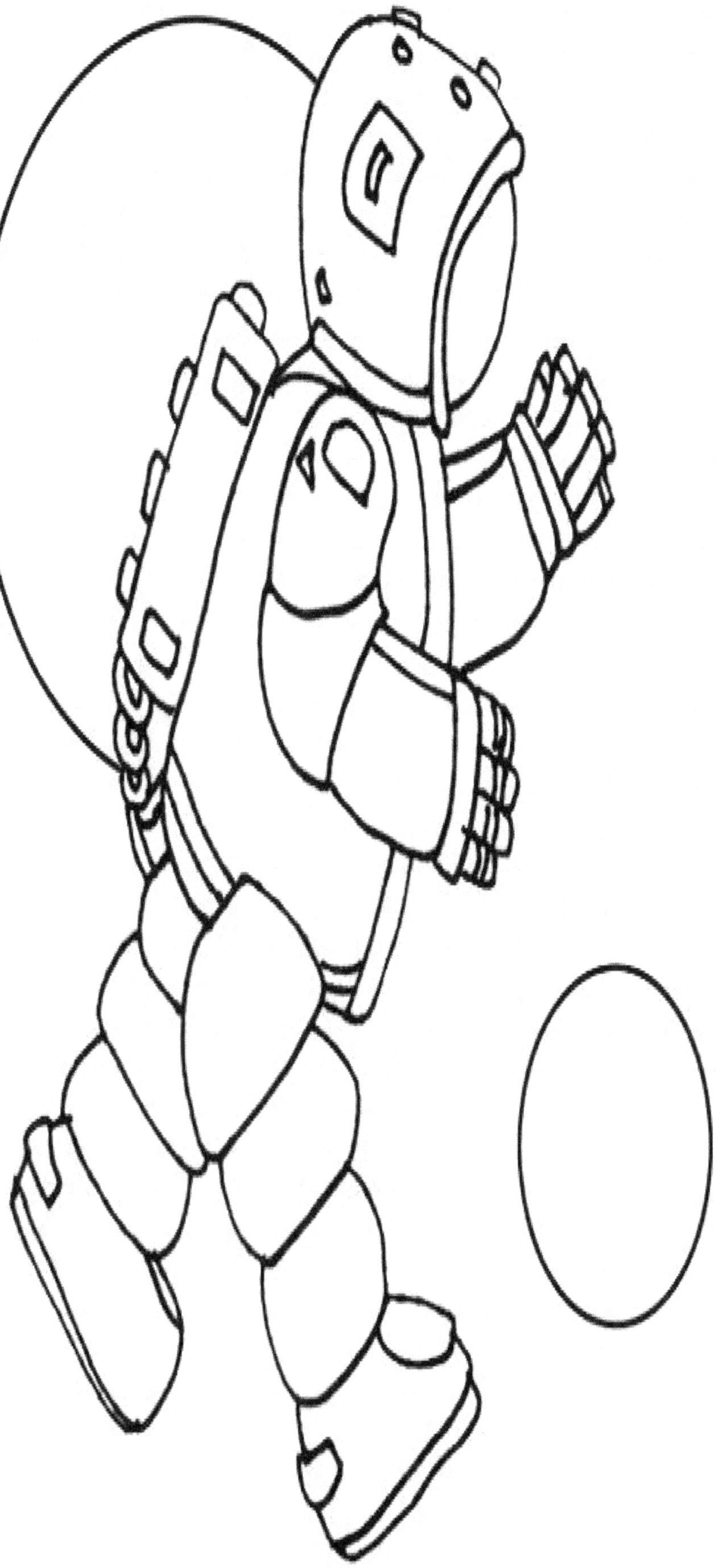

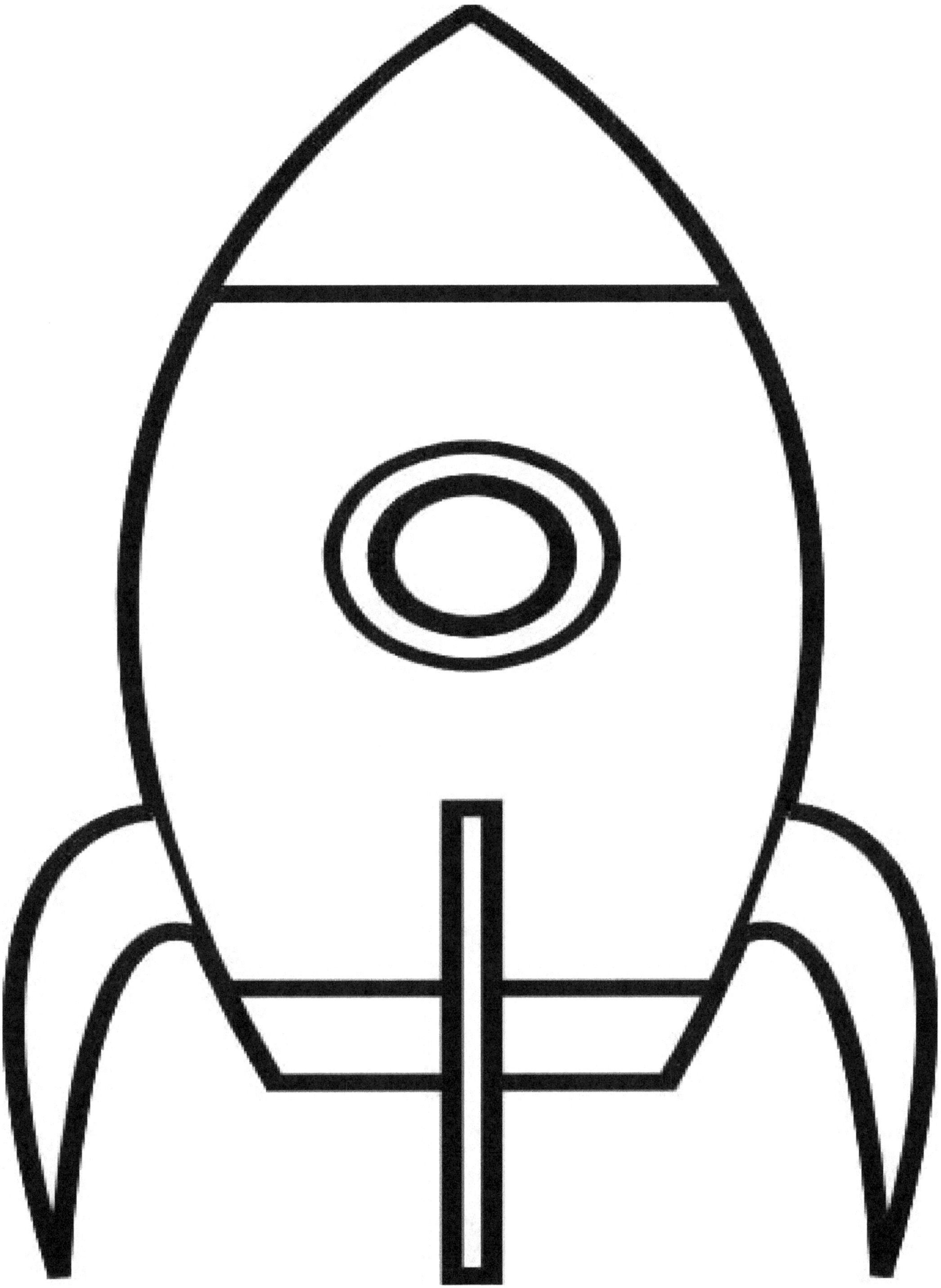

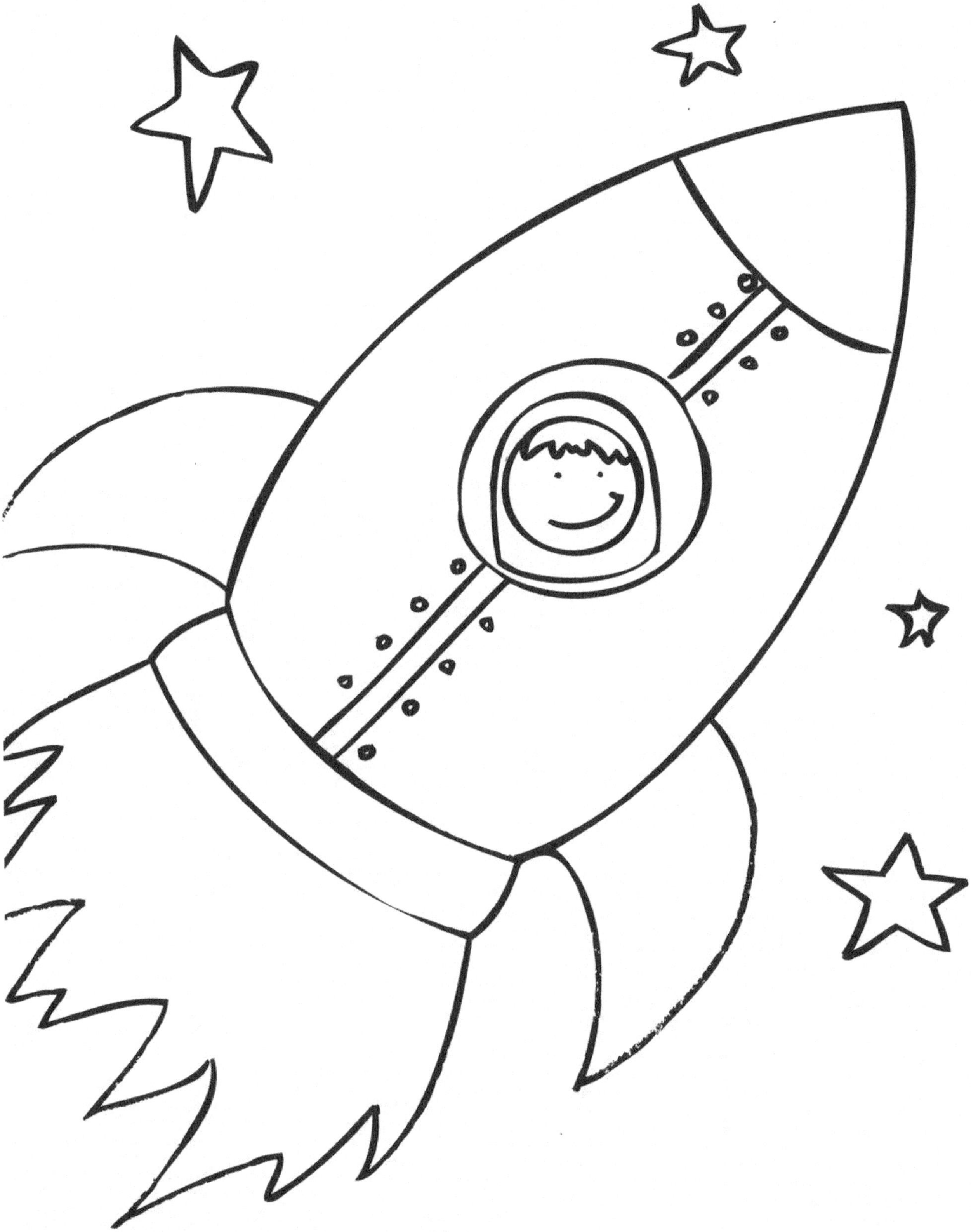

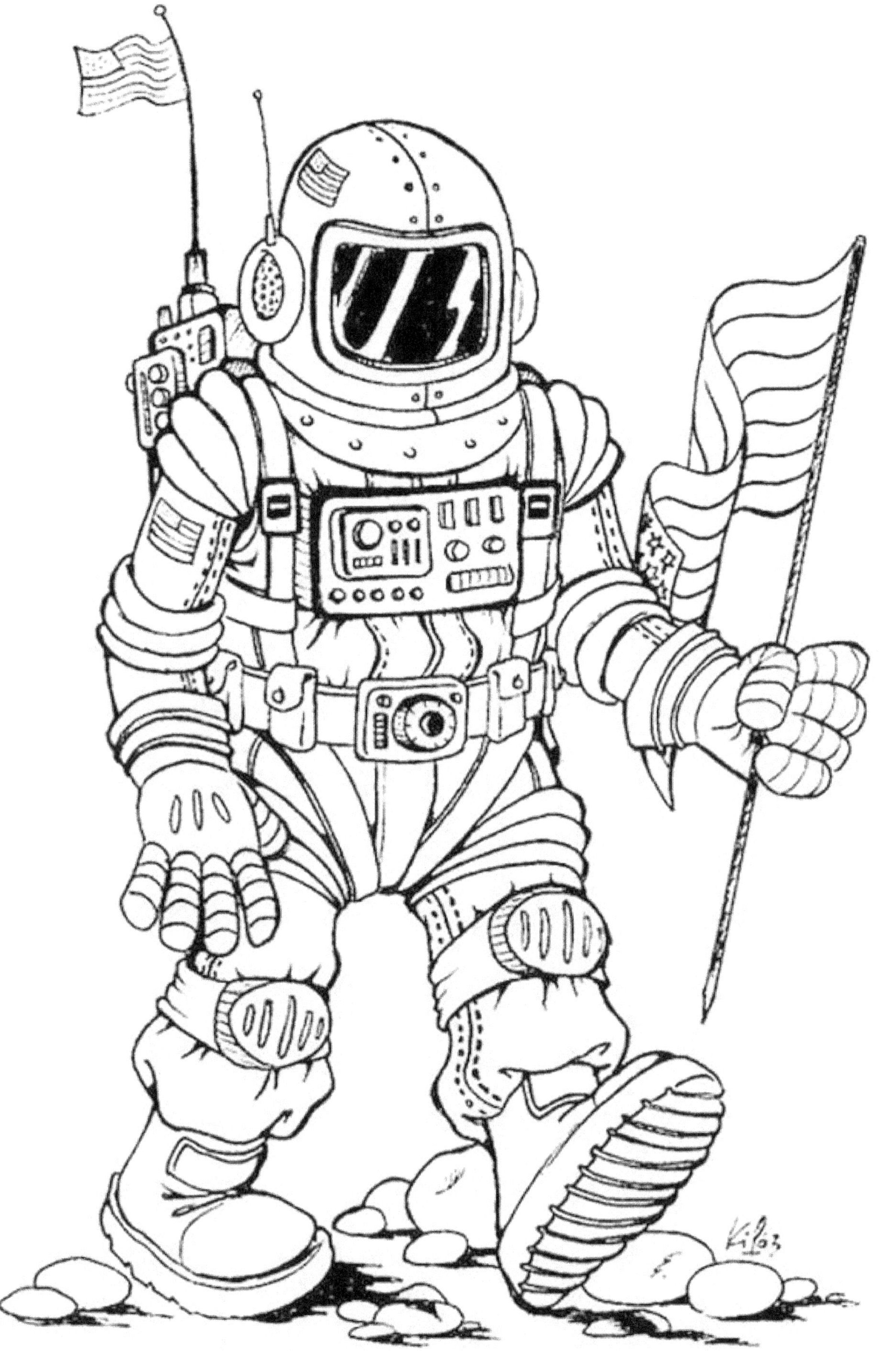

www.ingramcontent.com/pod-product-compliance
Lightning Source LLC
Chambersburg PA
CBHW060418220526
45465CB00008B/2933
9798638763053